AF452468

RÉPERTOIRE

DU

THÉATRE DE MADAME.

—◆—

L'AMBASSADEUR.

ONZIÈME LIVRAISON.

SECONDE ÉDITION.

PARIS.

HOUDAILLE ET VENIGER,
Rue du Coq-Saint-Honoré, N° 6;
POLLET, RUE DU TEMPLE, N° 36;
BARBA, PALAIS-ROYAL.

1829.

RÉPERTOIRE

DU

THÉATRE DE MADAME.

PARIS. — IMPRIMERIE DE DONDEY-DUPRÉ,
Rue Saint-Louis, n° 46, au Marais.

RÉPERTOIRE

DU

THÉATRE DE MADAME.

—◆—

L'AMBASSADEUR,

COMÉDIE-VAUDEVILLE,

PAR MM. SCRIBE ET MÉLESVILLE.

Seconde Édition.

PARIS.

HOUDAILLE ET VENIGER,
Rue du Coq St-Honoré, nº 6;
POLLET, RUE DU TEMPLE, No 36;
BARBA, PALAIS-ROYAL.

◦◦◦

1829.

L'AMBASSADEUR,

COMÉDIE-VAUDEVILLE,

PAR MM. SCRIBE ET MÉLESVILLE ;

Représentée pour la première fois, à Paris, sur le théâtre de Madame, par les comédiens ordinaires de Son Altesse Royale, le 10 juillet 1826.

PERSONNAGES.	ACTEURS.
Le comte d'ARANZA, envoyé d'Espagne à Naples........	M. Dormeuil.
JULIETTE, sa fille.........	Mlle Adeline.
FRÉDÉRIC DE CERNAY, jeune Français...........	M. Bérenger.
SAINT-JEAN, valet français attaché au comte d'Aranza.	M. Numa.
ZANETTA, jeune Napolitaine.	Mlle Dejazet.
Un Domestique.	
Plusieurs Valets.	

La scène se passe à Naples , dans l'hôtel du comte d'Aranza.

L'AMBASSADEUR,

COMÉDIE-VAUDEVILLE.

Le théâtre représente un salon richement meublé : une table près de la cheminée, à droite de l'acteur. A droite et à gauche, des portes qui conduisent aux appartemens du comte et de sa fille.— Au fond, deux fenêtres et une porte donnant sur le jardin.

SCÈNE I.

LE COMTE, JULIETTE.

LE COMTE.

Hé bien ! ma chère Juliette, tu ne parais pas enchantée de notre nouvelle habitation?

JULIETTE.

Non, mon père... et je vous avoue que

je ne puis m'empêcher de regretter ce joli hôtel de la rue de Tolède, si élégant, si commode... C'était là un logement digne du comte d'Aranza, de l'envoyé d'Espagne.

LE COMTE.

Il était trop petit, et puis un quartier bruyant... un air épais et malsain.

JULIETTE.

Qu'est-ce que vous dites donc, mon père?... le plus beau quartier de Naples, près de tous les spectacles et des magasins de modes... un air excellent.

LE COMTE, souriant.

Il ne peut valoir celui que l'on respire ici... dans un faubourg écarté, aux portes de la ville... ce beau jardin... le Vésuve en face de nous... c'est bien le meilleur pour ta santé.

JULIETTE.

Est-ce aussi pour ma santé... que vous n'allez plus dans le monde?... que vous refusez toutes les invitations de bals et de concerts... et que vous me condamnez à une retraite absolue... moi qui voulais écrire mon voyage à Naples?

Air *de l'Artiste.*

Comment puis-je connaître
Ce séjour séduisant,
Lorsque de ma fenêtre
Je le vois seulement?

LE COMTE.

C'est conforme aux usages...
Que d'écrivains fameux,
Qui font tous leurs voyages
Sans sortir de chez eux!

JULIETTE.

Oui, oui; voilà comme vous êtes toujours... Vous plaisantez quand vous ne voulez pas répondre... je vous dirai, mon père, que c'est là de la diplomatie.

LE COMTE.

Tu veux que je te parle sérieusement...

Hé bien! ma chère Juliette, lorsqu'une mission temporaire me força de partir pour Naples, je ne pus me résoudre à me séparer de ma fille unique; je te retirai du couvent, et en arrivant ici, je cédai à un petit mouvement d'orgueil paternel bien excusable... je te menai partout; j'étais heureux de tes triomphes, des éloges que l'on te prodiguait... peu à peu le cercle des admirateurs s'est augmenté au point d'alarmer ma prudence... nous avions vraiment à nous deux trop de succès... j'ai remarqué que l'on nous suivait à la sortie des promenades, que l'on épiait nos démarches...

JULIETTE, un peu embarrassée.

Quoi... mon père... vous croyez!...

LE COMTE.

Oui... et c'était, je crois, pour toi seule; car, quelque agréable que soit la vue d'un ambassadeur, ils ne sont pas assez rares pour produire sensation... or, tu connais mes intentions à ton égard.

Air *de la Robe et des Bottes.*

Si jamais je choisis un gendre,
Je veux qu'il vive en Espagne... avec moi;
D'après cela tu dois comprendre
Qu'un étranger n'aura jamais ta foi.
A ma patrie est mon premier hommage;
Mon pays doit avant tout l'emporter;
Et des trésors, que je crois mon ouvrage,
Je veux au moins qu'il puisse profiter.

Voilà pourquoi je ne reçois chez moi que
des compatriotes... voilà pourquoi j'ai sup-
primé les spectacles et les promenades... Il
y a dans ce moment, à Naples, beaucoup
de Français fort aimables, fort séduisans...
de jeunes militaires... de jeunes poètes qui
viennent sous le ciel napolitain chercher
des inspirations... tu aurais pu te préparer
des chagrins... faire un choix...

JULIETTE, *troublée.*

Ah! mon père!...

LE COMTE.

Hé bien! chère enfant... te voilà tout émue! qu'as-tu donc?... Juliette, est-ce que mes précautions auraient été prises trop tard?...

JULIETTE, *baissant les yeux.*

J'en ai peur!

LE COMTE, *effrayé.*

Ah! mon Dieu! tu as distingué quelqu'un?

JULIETTE, *hésitant.*

Je le crois... un jeune homme qui nous suivait partout; vous l'avez sans doute remarqué?...

LE COMTE.

Ma foi, non... pour un père, tous ces messieurs-là se ressemblent...

JULIETTE, *vivement.*

Oh! celui-là a une physionomie si douce, si modeste... Je suis tentée de croire que c'est un compatriote...

LE COMTE.

Un Espagnol? impossible... il se serait fait présenter chez moi... et quel est son nom?

JULIETTE.

Je n'ai point osé le demander... quoique Saint-Jean le connaisse et en dise le plus grand bien...

LE COMTE.

Saint-Jean ! ce valet de chambre français que j'ai pris en arrivant à Naples... Je me doutais que le coquin était mêlé dans tout ceci...

JULIETTE.

Mon père...

LE COMTE.

Un drôle qui a mille fois abusé de mes bontés... qui se donne effrontément pour tout savoir, qui ne m'est utile à rien, et qui s'avise d'intriguer dans ma maison... Je suis charmé d'avoir enfin trouvé l'occasion de le mettre à la porte.

JULIETTE.

Je serais cause que ce pauvre garçon...
Ah ! je vous en conjure !...

LE COMTE.

Il suffit, mon enfant... calme-toi, et surtout prends courage... ce n'est qu'une im-
pression légère... n'est-il pas vrai ?... tu n'y
penses pas souvent ?...

JULIETTE.

Oh ! non, mon père..... de tems en
tems... le matin... le soir...

LE COMTE, *à part.*

Oui... toute la journée... (*A Juliette.*)
Mais chut, chut !... on vient, calme-toi, et
n'en parlons plus.

SCÈNE II.

Les Précédens, ZANETTA, *en petit costume de grisette napolitaine, un carton à la main.*

ZANETTA, *apercevant le comte, et s'arrêtant toute décontenancée.*

Ah ! mon Dieu !... je me serai trompée de porte... Je vous demande bien pardon, monsieur.

LE COMTE.

Que voulez-vous, mon enfant ?

JULIETTE.

Ah ! c'est la petite Zanetta, ma lingère et ma marchande de modes !

ZANETTA.

Je croyais être dans l'appartement de mademoiselle... C'est la première fois que je me présente à votre nouvel hôtel... et...

JULIETTE.

C'est bien... c'est bien... Je vous avais fait

demander quelques broderies... mais, maintenant, ce serait inutile... je n'en ai plus
besoin.

LE COMTE.

Pourquoi donc, ma chère amie?... Je
n'entends pas que mes projets de retraite te
fassent négliger ta parure... la toilette d'ailleurs est, dit-on, une occupation, une con-
solation.

ZANETTA.

Monsieur a bien raison.

AIR : Du partage de la richesse.

Oui, la toilette a toujours fait merveille,
A tous les maux c'est un remède sûr;
La mariée, en voyant sa corbeille,
Souvent oublie, hélas! son vieux futur;
J'ai même vu veuve gentille et belle
Quelques instans suspendre ses hélas,
Pour demander à sa glace fidèle
Si l'habit noir nuisait à ses appas.

Et tout le monde vous dira ici qu'il n'y a

point de désespoir qui tienne 'contre une pointe d'Angleterre ou une toque à la française.

LE COMTE, *à sa fille.*

Ne fût-ce que pour me plaire, allons, mon enfant... j'exige que tu choisisses ce qu'il y a de plus beau, de plus élégant... n'importe le prix...

ZANETTA.

Dieux! l'excellent père!

LE COMTE, *à Zanetta.*

Vous avez là sans doute quelques objets de goût...

ZANETTA.

Oui, monsieur le comte... des pélerines à la Neige, des plumes Robin-des-Bois, des échantillons de rubans à la Jocko... c'est déjà un peu vieux... (*elle présente une boîte d'échantillons à Juliette, qui les examine avec son père*) parce que le dernier envoi de Paris nous a manqué... car toutes les modes nous viennent de là... c'est un joug qu'il faut subir... vous conviendrez que c'est bien humiliant d'être obligé de copier servilement les bonnets de la rue Vivienne, les robes de mademoiselle *Victorine* ou les chapeaux d'*Herbault*, quand on se sent capable de créer soi-même... mais ces dames ne veulent rien que ce ne soit de l'école française.

LE COMTE, *souriant*.

C'est affreux !...

ZANETTA.

Et cependant l'école italienne a bien son mérite ! Aussi, si je pouvais jamais aller en France, m'établir à Paris... avec les dispositions que j'ai, je suis sûre que je formerais une maison distinguée... je pourrais, à mon tour... me livrer à la composition ; mais les frais de voyage, quand on est orpheline et que l'on a éprouvé des malheurs... Ah !... (*Elle s'essuie les yeux.*) J'ai aussi une nouvelle forme de berret qui a fait sensation à la dernière représentation de Mme Méric-

Lalande, au théâtre *Saint-Charles*... si mademoiselle veut l'essayer?

LE COMTE.

Sans doute... sans doute... passe dans ton appartement, ma chère Juliette, achète tout ce qui te conviendra.

AIR de la walse des Comédiens.

Pour adoucir l'ordre dont tu murmures,
Choisis, ma chère, au gré de ton désir.

ZANETTA,

C'est juste... il faut de nouvelles parures,
Pour apaiser chaque nouveau soupir.
Combien aussi la douleur a de charmes!
Ah! croyez-moi, loin de vouloir guérir,
Sans vous gêner, laissez couler vos larmes,
Par le chagrin vous allez embellir.

ENSEMBLE.

Pour adoucir l'arrêt dont } je murmure,
                           { tu murmures,
Je vais } choisir au gré de } mes } désirs.
Tu vas {   { tes {

Et je verrai } si vraiment la parure
Et tu verras }
Peut de mon } cœur apaiser les soupirs.
Peut de ton }

(*Juliette rentre dans son appartement à droite de l'acteur ; Zanetta la suit après avoir salué le comte.*)

SCÈNE III.

LE COMTE, *seul.*

Voilà justement ce que je craignais... une rencontre... un amour de roman... mais je suis averti à tems, Dieu merci... et je réponds bien... Voici fort à propos ce fripon de Saint-Jean... commençons par me débarrasser de lui.

SCÈNE IV.

LE COMTE, SAINT-JEAN.

SAINT-JEAN , *avec un paquet.*

Monsieur le comte... ce sont les lettres

et les dépêches arrivées de Madrid par l'estafette.

LE COMTE.

Bien.

SAINT-JEAN.

J'ai porté moi-même les invitations pour le diner que doit donner monsieur le comte, chez le consul de France, l'envoyé de Portugal, l'ambassadeur de Prusse... parce que les affaires diplomatiques, c'est si délicat... je ne m'en rapporte qu'à moi seul...

LE COMTE, *ironiquement.*

C'est beaucoup de zèle.

SAINT-JEAN.

De là, je suis passé à l'Opéra pour louer la loge de Votre Excellence, dont l'abonnement était expiré.

LE COMTE.

Qui te l'avait ordonné?

SAINT-JEAN.

Personne... cela allait sans dire... un diplomate sans loge à l'Opéra, ça a l'air (*à demi-voix et à part*) d'un ambassadeur à la demi-solde.

LE COMTE.

Quand je dis que c'est lui qui commande ici...

SAINT-JEAN.

D'ailleurs, Votre Excellence sait bien que c'est utile aux progrès des beaux-arts.

Air : *Ces postillons sont d'une maladresse.*

Votre présence encourage , électrise
   Les beaux-arts et les entrechats;
Car l'amateur remarque avec surprise
Que l'Opéra danse mal, lorsque, hélas!
   Les ambassadeurs n'y sont pas.
Pour quel motif?... qu'un autre ici l'explique;
Mais il est donc quelques rapports secrets
   Entre le corps diplomatique
     Et celui des ballets?

Du reste , monsieur le comte n'a pas d'autres ordres à me donner?

LE COMTE, *de même.*

Je n'en ai plus qu'un... quels sont vos gages chez moi?

SAINT-JEAN, *à part.*

Une augmentation... déjà?... peste, cela va bien! (*Haut.*) Excellence... certainement ce n'est pas l'intérêt qui me guide... il est vrai que, remplissant auprès de monsieur le comte les fonctions de valet de chambre interprète... cela mérite...

LE COMTE.

Interprète... oui, je me rappelle que c'est en cette qualité que tu t'es présenté à mon arrivée à Naples... et tu ne sais pas deux mots d'espagnol ni d'italien... C'est tout au plus si tu sais le français...

SAINT-JEAN.

C'est possible... depuis deux ans que j'ai quitté Paris... la langue a peut-être changé... ça commençait déjà ; mais Son Excellence parle si bien français!... cela revient au

même ; et nous nous entendons parfaitement.

LE COMTE, *avec impatience.*

Au fait... vos gages?

SAINT-JEAN, *humblement.*

Deux cents piastres, Excellence.

LE COMTE.

Il y a deux mois que nous sommes ici ;
dites à mon intendant de vous compter cin-
quante piastres... vous pouvez aller chercher fortune ailleurs...

SAINT-JEAN, *stupéfait.*

Comment, monsieur le comte ! cela signifie?...

LE COMTE, *séchement.*

Que je te chasse, et que je ne veux pas
que dans une heure on te trouve chez moi...
ceci n'est pas de l'espagnol... je crois que
tu m'entends?

SAINT-JEAN.

Est-il possible!... on m'aura calomnié
auprès de monsieur le comte... après les
marques de dévouement, d'attachement...

LE COMTE.

Oui... un attachement à deux cents piastres par an... il suffit... point d'explication... vous ne me convenez plus.

SAINT-JEAN.

Et pour quelle raison, monseigneur? car encore faut-il donner des raisons aux gens que l'on destitue... c'est une indemnité.

LE COMTE.

Vous êtes trop ignorant pour un diplomate... et il faut à mon service des gens habiles...

SAINT-JEAN.

La modestie m'empêche de répondre, et plus tard monsieur rendra peut-être plus de justice à mes talens... En attendant, Excellence, mon premier devoir est de vous obéir... je vais faire mon paquet, et voir si l'ambassadeur de Russie a besoin d'un interprète.

(Il sort.)

SCÈNE V.

LE COMTE, *seul.*

L'effronté!... il sait le russe comme l'espagnol!... n'importe, m'en voilà débarrassé... les intelligences que l'on s'était sans doute ménagées dans ma maison se trouvent rompues sans espoir, et ma fille est sauvée! (*Il s'approche du bureau.*) Voyons les dépêches de l'Escurial. (*Il ouvre plusieurs lettres.*) Note à communiquer... renseignemens à demander... (*il écrit en marge*) renvoyé à mes secrétaires... (*Il prend une lettre.*) Quelle est cette écriture inconnue?... (*il l'ouvre, et regarde la signature*) le marquis d'Aveiro... mon ancien protecteur... celui à qui je dus autrefois ma fortune à la cour... On l'attendait à Naples d'un jour à l'autre... Il aura donc changé d'idée : voyons vite... (*Il lit.*) « Mon cher » comte, pour la première fois que je vous » écris... » (*S'interrompant.*) C'est vrai...

(*Lisant.*) « Vous me trouverez bien indiscret » de débuter par réclamer un service de vo- » tre amitié... » (*S'interrompant.*) Il aurait besoin de moi... quel bonheur !... quoique depuis vingt ans nous nous soyons perdus de vue.... je serais si heureux..... (*Il lit.*) « J'ai un fils unique qui fait tout mon es- » poir, et dont la conduite m'abreuve de » chagrins et de honte. Après avoir parcouru » la France et l'Italie, le chevalier s'est ar- » rêté à Naples...... Je ne savais à quoi at- » tribuer les retards qu'il apportait toujours » à son retour auprès de moi... Je viens » d'apprendre enfin qu'un amour insurmon- » table et indigne de lui en était la seule » cause. » (*S'interrompant.*) Ah ! bon Dieu ! (*Il lit.*) « Oui, oui, mon ami, c'est pour » une petite fille sans naissance, sans édu- » cation... enfin, je rougis de le dire, pour » ce que l'on appelle à Paris une grisette, » que l'héritier des d'Aveiro, le fils d'un » grand d'Espagne, va peut-être renoncer » pour toujours à sa famille et à son pays... »

(*S'interrompant.*) Est-il possible ! (*Il lit.*)
« Les dernières nouvelles que je reçois
» m'annoncent qu'il se cache à Naples sous
» le nom de Frédéric, et qu'il loge au fau-
» bourg de la Chiaia, près du Vieux Palais...
» Au nom de notre amitié, mon cher comte,
» usez du pouvoir que votre mission vous
» donne, pour chercher, pour découvrir le
» chevalier... emparez-vous de lui... qu'il
» ne quitte pas votre maison ; j'approuve
» d'avance tous les moyens que vous em-
» ploierez pour le guérir de sa folie, et l'em-
» pêcher de faire un pareil mariage !... **Si**
» vous me rendez mon fils, ma vie entière
» ne suffira pas pour reconnaître un pareil
» bienfait !... *Post scriptum.* Pour vous aider
» dans vos recherches... je joins ici le portrait
» du chevalier... vingt-cinq ans... » etc., etc.
(*Fermant la lettre.*) Pauvre père !.. ah ! sans
doute, je ferai pour le chevalier ce que je
ferais pour mon propre fils... mais une intrigue... un jeune homme !...

Air *de Turenne.*

Pour le découvrir comment faire ?
A Naples , où l'on en voit tant ,
Un tel emploi ne convient guère
A mon âge ainsi qu'à mon rang.
D'ailleurs , et mon tems et mes peines
Sont consacrés aux affaires du roi ;
Et je serai forcé d'avoir, je croi ,
Quelqu'un pour faire ici les miennes.

Parbleu ! voilà une occasion où j'aurais eu
besoin d'un intrigant de profession ; et je
viens de renvoyer le seul que j'eusse à mon
service... ce Saint-Jean... c'était l'homme
qu'il nous fallait... chut !... le voici...

SCÈNE VI.

LE COMTE , SAINT-JEAN.

LE COMTE.

Ah ! c'est encore toi !

SAINT-JEAN.

Oui , monsieur le comte... l'injustice ne

me rendra jamais ingrat... j'ai voulu vous
présenter mes devoirs avant de partir.

LE COMTE.

Tu as eu raison... car aussi bien je voulais te parler.

AIR du vaudeville du Colonel.

Ta conduite aurait pu suffire
Pour te valoir à coup sûr ton congé ;
Mais j'ai changé d'idée.

SAINT-JEAN.

Oui... c'est-à-dire
Que la circonstance a changé.

LE COMTE.

Peut-être aussi , du moins je le désire ,
Ai-je eu des torts... ce matin avec toi.
Et l'équité...

SAINT-JEAN.

J'entends... cela veut dire
Que monsieur a besoin de moi...
Monseigneur a besoin de moi. (bis.)

LE COMTE.

Précisément... (*A part.*) Au fait... je le chasserai toujours après... (*Haut.*) Je l'avoue, une affaire assez délicate, qui demande de l'adresse, de l'activité... et pour laquelle ta récompense est toute prête...

SAINT-JEAN.

Parlez, monsieur le comte... que faut-il faire?

LE COMTE.

Me découvrir aujourd'hui même un jeune Espagnol qui se cache à Naples sous un nom supposé... et qui est amoureux fou d'une petite grisette.

SAINT-JEAN.

Un jeune Espagnol?

LE COMTE.

Le fils du marquis d'Aveiro.

SAINT-JEAN, *jouant la surprise.*

Le fils du marquis d'Aveiro!... ah! c'est

lui qui est amoureux!... comme c'est désa-
gréable pour sa famille ! c'est peut-être un
parent de monsieur le comte ?...

LE COMTE.

Il ne s'agit pas de cela... peux-tu me le
trouver sur-le-champ ?

SAINT-JEAN.

C'est difficile!... les notions que vous
me donnez sont bien vagues.

LE COMTE.

Comment ! toi qui es lié avec tous les
mauvais sujets ?

SAINT-JEAN.

Pas de ce rang-là , monseigneur !... Mais
encore faut-il un point de départ..... l'intrigue est comme l'algèbre... on ne peut aller que du connu à l'inconnu...

LE COMTE.

D'abord... il se cache sous le nom de
Frédéric.

SAINT-JEAN.

Ah ! c'est quelque chose...

LE COMTE.

Il loge à la Chiaia, près du Vieux Palais.

SAINT-JEAN.

Le numéro ?

LE COMTE.

Ah ! parbleu, si je le savais... c'est justement ce qu'il faut deviner...

SAINT-JEAN.

Nous avons un moyen d'opéra... d'un joli opéra français... mais je crois qu'il n'a pas encore été employé dans ce pays-ci : je vais rassembler quelques matelots, quelques ouvriers ; je les conduis à la Chiaia... nous crions au feu à tue-tête... tout le monde se met aux fenêtres, vous reconnaissez votre homme, et alors...

LE COMTE.

Eh ! imbécile !... je ne l'ai jamais vu...

SAINT-JEAN.

Ah! je conçois, vous pourriez vous tromper !... Autre chose, Excellence... si nous

faisions insérer dans les petites-affiches de
Naples (car il y en a partout des petites-affiches)... que le jeune Frédéric est invité à
se présenter à l'ambassade d'Espagne , pour
une affaire importante.

LE COMTE.

Il se doutera du piége, et ne viendra pas...

SAINT-JEAN.

Parfaitement juste ! Votre Excellence a
un tact... qui saisit sur-le-champ le côté
faible de mes projets... Il y en a bien un
auquel j'avais d'abord pensé... mais c'est si
simple... si naturel...

LE COMTE.

Ce sera probablement le meilleur.

SAINT-JEAN.

Puisqu'il est amoureux... il doit écrire à
sa belle... on doit lui répondre dix fois par
jour au moins... vous savez que ce sont les
amoureux qui font la fortune de la petite
poste... Alors je me disais qu'il serait facile

au premier bureau, ou par des facteurs, de savoir l'adresse exacte...

LE COMTE.

C'est cela parbleu... le moyen est sûr...

SAINT-JEAN.

Moyen excellent...

LE COMTE.

Mais comment l'attirer chez moi? mon nom seul va l'épouvanter.

SAINT-JEAN.

Un Espagnol qui se cache sous un faux nom, vous pouvez le réclamer... obtenir l'ordre de le faire conduire au fort Saint-Elme ou au château de l'OEuf.

LE COMTE.

Fi donc! le fils d'un ami, un éclat... c'est justement ce que je veux éviter.

SAINT-JEAN.

Alors, monsieur le comte... un enlèvement subit... Avec quatre ou cinq *lazzaroni*

on enleverait tout Naples, sans que personne
s'en aperçût... et si vous daignez me char-
ger de l'expédition, je vous promets que,
dans dix minutes...

LE COMTE.

Non, non, je ne veux pas que tu t'en
mêles... je vais donner mes ordres en conséquence... une voiture sans armes, des
valets sans livrée... allons, Saint-Jean, c'est
bien.

AIR : *Dieu tout puissant, par qui le comestible.*

Je suis content de ton rare génie.

SAINT-JEAN.

J'avais raison de vous parler d'abord
De mes talens pour la diplomatie.

LE COMTE.

Dis pour l'intrigue, et nous serons d'accord.

SAINT-JEAN.

Quels préjugés, dans cette ville ingrate !
Tout, je le vois, dépend du traitement...

Cent mille écus, et l'on est diplomate ;
A cent louis, l'on n'est qu'un intrigant.

ENSEMBLE.

LE COMTE.

Je suis content de ton rare génie, etc.

SAINT-JEAN.

Il est content de mon rare génie, etc.

(*Le comte sort.*)

SCÈNE VII.

SAINT-JEAN, *seul ; il suit le comte des yeux.*

Allez, allez, monsieur le comte, allez
chercher notre jeune homme, et amenez-le
ici... c'est tout ce que je vous demande...
(*Se frottant les mains.*) Vous êtes bien fin !...
mais vous avez donné dans tous mes piéges
avec une grâce parfaite !... il ne se doute
pas que celui qu'il va installer chez lui avec
tant de précaution, est un Français... juste
l'amant de sa fille... et ce jeune Frédéric

de Cernay lui-même est bien loin de s'at-
tendre à la manière dont je vais l'amener
auprès de sa belle... Au fait, il m'a attendri
ce jeune homme..... il ne m'a dit que deux
mots en courant, mais avec cet accent qui
part du cœur : « Saint-Jean, deux mille
» piastres pour toi si tu sers mon amour,
» et si tu parviens à m'introduire chez
» l'ambassadeur... » Deux mille piastres !...
Il est clair que c'est un amour véritable et
honnête..... la séduction n'a pas ce langage
franc et décidé..... deux mille piastres !.....
mais il n'était pas facile de les gagner.....
L'ambassadeur n'est pas homme à se laisser
duper, comme un tuteur de comédie !...
soupçonneux... défiant .. il fallait un moyen
neuf... hardi. Rien n'a effrayé mon audace..... une seule lettre glissée parmi les
dépêches de Son Excellence a tout fait,
tout prévu... Il faut convenir aussi que cette
lettre du marquis d'Aveiro est le chef-d'œu-
vre du genre... sans connaître ni lui, ni
son fils ; sans savoir même s'il en a un... je

me rappelle seulement avoir entendu parler
de ses anciennes liaisons avec mon maître...
et sur-le-champ ma lettre est composée.

« Rare et sublime effort d'une imaginative!... »

et dont j'ai bien fait cependant de ne pas
prévenir notre jeune amoureux, parce que
ce sont des gens scrupuleux, délicats, qui
jettent les hauts cris à la moindre petite
ruse... et qui, après l'événement, ne deman-
dent pas mieux que d'en faire leur profit...
Quand il sera ici, je n'aurai que deux mots
à lui dire, et il ira bien... Voyons un peu...
(*Il regarde à la fenêtre.*) Bon, la voiture
est déjà partie... monsieur le comte y met
une activité... il se donne un mal pour me
faire gagner mes deux mille piastres... Le
voilà qui se promène sous le péristyle, d'un
air inquiet, impatient... je suis sûr qu'il
prépare déjà son discours au chevalier, sur
le danger des passions... Ah! mon Dieu! à
propos de passions... j'ai oublié l'essentiel...

il faut que j'en trouve une à mon jeune
homme, moi...

Air *du Ménage de Garçon.*

Dans ces lieux où je veux qu'il vienne
Bientôt il sera détenu ;
Mais pour que mon maître y retienne
Ce jeune amoureux prétendu,
Il faut lui trouver impromptu
Quelque amour tenant du prodige,
Quelque passion d'opéra
Qui commence quand on l'exige,
Et finisse quand on voudra.

Voyons, il me faut une petite fille... jolie,
adroite... ça ne doit pas être difficile à **trou-**
ver... Qui vient là ?... c'est la modiste de
mademoiselle... eh ! mais... elle est gentille... ma foi, autant celle-là qu'une autre.

SCÈNE VIII.

SAINT-JEAN ; ZANETTA, *sortant de l'appartement de Juliette.*

ZANETTA.

Là ! il faut encore refaire ce berret... mon Dieu ! que ces grandes dames qui ont du chagrin sont difficiles à habiller... rien ne leur va.

SAINT-JEAN, *s'approchant.*

Mademoiselle...

ZANETTA.

Ah ! pardon... monsieur, je ne vous voyais pas.

SAINT-JEAN.

Un mot... je vous en supplie... J'ai peu de tems, et je suis forcé d'aller droit au fait... dites-moi, avez-vous un amoureux ?

ZANETTA, *étonnée.*

Comment, monsieur !... qu'est-ce que c'est que ces questions-là ?

SAINT-JEAN.

Je conçois qu'avec une figure aussi pi-
quante... ma demande doit vous paraître
une impertinence... mais j'ai le plus grand
intérêt à savoir...

ZANETTA , *à part.*

Est-ce qu'il voudrait se proposer? un valet de chambre d'ambassade... un homme
titré... ce serait un parti très-sortable.

SAINT-JEAN.

Hé bien?

ZANETTA.

Monsieur... on ne répond pas à des demandes aussi indiscrètes... et, à moins que
vous ne vous expliquiez plus clairement...

SAINT-JEAN.

C'est que, moi, j'en ai un à vous proposer.

ZANETTA.

Un amoureux!... quoi, monsieur!

SAINT-JEAN.

Il ne s'agit que d'une ruse innocente,
d'un amour sans conséquence, d'une passion à part... ça ne vous obligera à aucun
sacrifice contraire à vos sentimens particu-
liers... si vous en avez.

ZANETTA.

Ah çà !... qu'est-ce qu'il dit donc ?

SAINT-JEAN.

Qu'il y a cent piastres destinées à la jolie
Zanetta... si elle veut, pour quelque tems
seulement, aimer M. Frédéric.

ZANETTA.

AIR *de Marianne.*

Ah ! grands dieux ! quelle audace extrême !

SAINT-JEAN.

Vous ne me comprenez pas bien.
Il suffit d'avouer qu'on l'aime ;
Cela ne vous engage à rien.

ZANETTA.

Eh quoi ! vraiment,
C'est un semblant ?

SAINT-JEAN.

Qui n'a rapport en rien au sentiment.

ZANETTA.

Ah ! c'est égal,
C'est toujours mal
De feindre, hélas !
Un amour qu'on n'a pas.
Dût-on me traiter de bégueule,
J'aimerais mieux, et pour raisons,
Éprouver quinze passions
Que d'en feindre une seule.

SAINT-JEAN.

Rien ne vous empêche de l'éprouver ; ça
n'en vaudrait que mieux... un jeune homme
charmant... le fils du marquis d'Aveiro.

ZANETTA.

Un marquis !

SAINT-JEAN.

Eh! oui, sans doute... je n'irais pas vous proposer une mésalliance... tout ce qu'on vous demande, c'est de répéter à l'ambassadeur, à tout le monde : J'aime Frédéric... j'aime Frédéric... mais d'un ton, là... vous savez bien... quand vous aimez, ou quand vous voulez qu'on le croie...

ZANETTA.

Mais encore, faudrait-il connaître les gens, crainte seulement de se tromper.

SAINT-JEAN.

N'est-ce que cela? je m'en charge... ainsi donc c'est une affaire conclue.

Air *des Maris ont tort.*

A mes vœux vous daignez vous rendre :
J'en étais sûr... car, en honneur,
Tous deux nous devions nous entendre...
Frédéric a donc votre cœur ;
Mais ne redoutez nulle erreur :

Avec nous, sans vous compromettre,
Vous devez vous y retrouver;
Car l'amour qu'il va vous promettre,
Je me charge de l'éprouver.

ZANETTA.

Du tout, du tout... si vous vous avisez de me faire des déclarations... vous allez m'embrouiller..... Dites-moi, avant tout, M. Saint-Jean, qu'est-ce qu'il faudra faire?

SAINT-JEAN.

Vous laisser adorer.

ZANETTA.

Me laisser adorer!... bon, je sais; ça n'est pas difficile... mais si on me parle, que répondre?

SAINT-JEAN.

Je vous l'ai déjà dit... *J'aime Frédéric...* et ne sortez pas de là.

ZANETTA.

Mais enfin, pourquoi cette ruse?

SAINT-JEAN, *écoutant.*

Vous le saurez... j'entends une voiture... c'est lui... vite, descendez par le petit escalier... je vous rejoindrai bientôt, et j'acheverai de vous donner mes instructions.

ZANETTA.

C'est bien pour vous rendre service, au moins, M. Saint-Jean; car c'est terrible d'aimer comme ça quelqu'un, sans avoir eu le tems de s'y préparer!

(Saint-Jean la fait sortir par l'escalier dont la porte est sur le premier plan, à gauche de l'acteur.)

SCÈNE IX.

LE COMTE, SAINT-JEAN.

SAINT-JEAN *au comte, qui entre par le fond.*

Hé bien! monsieur le comte... notre petite expédition?

LE COMTE.

Elle a réussi.

SAINT-JEAN.

Ah! et le jeune Frédéric?

LE COMTE.

Il est là... dans l'appartement voisin.

SAINT-JEAN.

A merveille... en l'interrogeant adroite-
ment, il nous sera facile... (*à part*) car
avant tout, il faut le prévenir... (*haut*) et
si monsieur le comte le veut... je vais le
faire entrer.

LE COMTE.

Non... non... je n'ai plus besoin de toi.
(*Lui donnant une bourse.*) Voilà trente piastres... tu sais ce que je t'ai dit ce matin...
tu peux t'en aller.

SAINT-JEAN, *déconcerté.*

Comment, Excellence!... après le service
que je viens de vous rendre.

LE COMTE.

Je te le paie... nous sommes quittes... mais pour d'autres raisons, à toi connues, je ne veux pas que tu remettes le pied chez moi; je t'ai même fait consigner à la porte... ainsi va-t'en... (*Il va s'asseoir auprès de la table.*)

SAINT-JEAN, *à part.*

Oh! maledetto!... impossible de prévenir ce jeune homme. Il va tout gâter.

LE COMTE, *élevant la voix.*

Vous m'avez entendu, M. Saint-Jean...

SAINT-JEAN.

J'obéis, monsieur le comte, j'obéis. (*A part.*) Ma foi, qu'il s'en tire comme il pourra... jusqu'à ce que j'aie trouvé quelque moyen de le secourir... (*Il sort du même côté que Zanetta.*)

LE COMTE, *seul.*

Ah!... voici notre jeune homme... (*Souriant.*) Il doit être furieux !

SCÈNE X.

LE COMTE, FRÉDÉRIC, *suivi de deux valets.*

FRÉDÉRIC, *avec colère.*

Morbleu! m'enlever ainsi de chez moi!...
sans me dire un seul mot... sans **daigner**
m'expliquer... (*Le comte fait signe aux valets de se retirer. Frédéric se tournant du côté
du comte.*) Saurai-je enfin chez qui je suis?

LE COMTE, *se levant et allant à **Frédéric.***

Chez moi, monsieur.

FRÉDÉRIC, *à part.*

Dieux! le comte d'Aranza! le père de
celle que j'aime!

LE COMTE.

Je vois que vous ne pouvez me pardon-
ner la manière un peu brusque dont je vous
ai forcé à me rendre visite.

FRÉDÉRIC.

Moi, monsieur! (*A part.*) C'est tout ce
que je désirais... je ne cherchais qu'un
moyen de me présenter.

LE COMTE.

Je vous prouverai bientôt que j'avais le
droit d'agir ainsi : en attendant, je vous
prie de m'écouter... Vous serez traité ici
avec tous les égards que vous méritez... vous
mangerez à ma table, vous serez servi par
mes gens... mais vous ne verrez personne
et n'aurez d'autre société que la mienne et
celle de ma fille.

FRÉDÉRIC, *avec joie.*

Quoi, monsieur!

LE COMTE.

Toutes vos réclamations sont inutiles ;
j'ai ordre de vous surveiller, et vous ne me
quitterez pas..... ainsi vous pouvez tout

avouer... et reprendre votre véritable nom...

FRÉDÉRIC.

Mon nom!... je ne prétends pas le ca-
cher... je suis Frédéric de...

LE COMTE, *l'interrompant.*

Je vous ai dit, monsieur, qu'il n'était
plus tems de feindre, et j'exige maintenant
que vous me disiez la vérité.

FRÉDÉRIC, *à part.*

Pour rester ici je dirai tout ce qu'il faudra... (*Haut.*) Mais je vous demanderai,
monsieur, ce qu'il faut vous avouer...

LE COMTE.

Que vous êtes le fils du marquis d'Aveiro,
mon ancien ami.

FRÉDÉRIC.

Du marquis d'Aveiro!... quoi! monsieur,
vous exigez!...

LE COMTE.

Oui, monsieur…

FRÉDÉRIC.

Je ne puis pas alors vous dire le contraire.

LE COMTE.

Le bel effort ! croyez-vous que je l'igno-
rais ?… plus tard, jeune homme, nous par-
lerons de vous, de votre père, du chagrin
que vous lui causez.

FRÉDÉRIC.

Moi, monsieur !

LE COMTE.

En attendant…. je ne vous demande
qu'une chose… un noble Castillan n'a que
sa parole… promettez-moi, sur l'honneur,
de ne pas vous échapper de cette maison.

FRÉDÉRIC.

Oh ! pour cela, je vous le jure.

LE COMTE.

C'est bien ; j'espère que nous finirons par
nous entendre.

FRÉDÉRIC , *à part.*

Ça ne fera pas mal...

SCÈNE XI.

LES PRÉCÉDENS , JULIETTE , *sortant de son*
appartement.

TRIO de *Michel et Christine.*

LE COMTE , *allant au-devant de Juliette.*

Approche donc, ma chère amie ,
Monsieur n'est pas un étranger ;
L'Espagne est aussi sa patrie ,

(*A demi-voix.*)

Et tu peux le voir sans danger.

JULIETTE, *s'avançant et lui faisant la révérence.*

O grands dieux ! ô surprise extrême !

LE COMTE.

Quoi donc ?

JULIETTE.

C'est lui.

FRÉDÉRIC, *à part.*

C'est elle-même.

JULIETTE.

Ce jeune homme qui nous suivait.

FRÉDÉRIC, *à part.*

Je crois qu'elle me reconnaît.

ENSEMBLE.

JULIETTE, FRÉDÉRIC, LE COMTE.

JULIETTE.

Quel trouble j'éprouve à sa vue !
Et combien mon ame est émue !

Oui, de surprise et de bonheur,
Ah ! je sens là battre mon cœur !

FRÉDÉRIC.

Combien elle paraît émue !
Moment charmant ! ô douce vue !
Ah ! je sens là battre mon cœur
Et d'espérance et de bonheur.

LE COMTE.

Ah ! quelle rencontre imprévue !
Moi qui vais l'offrir à sa vue !
Pour déjouer un séducteur,
Cachons mon trouble et ma fureur.

JULIETTE, *à son père.*

Oui vraiment, c'est cet inconnu
Dont parlait Saint-Jean.

LE COMTE, *à part.*

                Quelle audace !
Ce fripon aurait-il voulu
Introduire un autre à la place
Du chevalier d'Aveiro.

JULIETTE.

Grands dieux !
Comme il fixe sur moi les yeux !

ENSEMBLE.

JULIETTE, FRÉDÉRIC, LE COMTE.

JULIETTE.

Ah ! quel plaisir ! chez lui mon père
Reçoit celui qui m'a su plaire.
Ah ! je sens là battre mon cœur
Et de surprise et de bonheur.

FRÉDÉRIC.

Je n'entends rien à ce mystère ;
Mais je vois celle qui m'est chère ,
Et je sens là battre mon cœur
Et de plaisir et de bonheur.

LE COMTE.

On me trompe , la chose est claire ;
Mais je connaîtrai ce mystère :
Pour déjouer un séducteur,
Cachons mon trouble et ma fureur.

Oui, je puis savoir si c'est réellement le fils du marquis d'Aveiro; car, par bonheur, cette lettre que j'ai reçue ce matin contient son signalement.

(*Il la prend et regarde.*)

FRÉDÉRIC , *à part.*

Le signalement!... je suis perdu.

LE COMTE , *lisant bas , et regardant Frédéric.*

Non... non... parfaitement conforme... c'est bien lui.

FRÉDÉRIC , *à part.*

Je suis sauvé...

JULIETTE.

Hé ! mais qu'avez-vous donc, mon père?.. Vous êtes tout ému.

LE COMTE.

Rien, rien, mon enfant... holà, quelqu'un!... (*Un domestique entre.*) Conduisez monsieur à l'appartement qui lui est destiné... (*A Frédéric.*) Nous nous reverrons

bientôt... jusque-là, je vous laisse à vos ré-
flexions.

Air *du vaudeville de la Somnambule.*

Mais songez-y, la fuite est impossible ;
Car, sur l'honneur, vous êtes prisonnier.

FRÉDÉRIC.

Une prison est toujours bien terrible ;

(*Regardant Juliette.*)

Mais en ces lieux, quand je pense au geolier,
Je me soumets sans murmure et sans peines,
Loin de gémir de ma captivité...
Puissé-je, hélas! trop heureux de mes chaînes,
Ne recouvrer jamais ma liberté !

(*Il sort.*)

SCÈNE XII.

LE COMTE, JULIETTE.

JULIETTE.

Quoi! mon père... il va loger ici? avec
nous?... et c'est un Espagnol?

LE COMTE.

Oui... le fils du marquis d'Aveiro.

JULIETTE.

Du marquis d'Aveiro ?

LE COMTE.

Mais il n'y faut plus penser... tu dois
l'oublier.

JULIETTE.

Que voulez-vous dire ?

LE COMTE.

Qu'il est indigne de toi... qu'il en aime
une autre... en un mot, qu'il ne mérite ni
ta tendresse... ni tes regrets.

JULIETTE.

Il en aime une autre !

LE COMTE.

Et si tu savais, ma Juliette, quelle est la
rivale qu'il te préfère... une fille sans édu-
cation, sans naissance..... une petite ou-
vrière, sans doute.

JULIETTE.

Il serait possible!... non, je ne puis le
croire... on le calomnie, mon père.

LE COMTE.

On le calomnie... quand j'ai la preuve...
(*Lui donnant une lettre.*) Tiens, regarde.

AIR *d'Une Heure de Mariage.*

Vois toi-même par cet écrit
Que c'est une autre qu'il adore.

JULIETTE.

Mon cœur et s'indigne et frémit ;
Mais je ne puis le croire encore..
Oui, c'est moi dont il est épris.

LE COMTE.

Son père atteste le contraire.

JULIETTE.

N'importe... en pareil cas un fils
Doit en savoir plus que son père.
En pareil cas, je crois qu'un fils
Doit en savoir plus que son père.

LE COMTE,

Alors... s'il n'est pas possible de te con-
vaincre...

SCÈNE XIII.

Les Précédens, SAINT-JEAN, *dans le
fond.*

SAINT-JEAN, *à part.*

Je n'ai pas d'autre moyen de rentrer ici,
et de venir à son secours ; voyons s'il est
encore tems... (*Haut.*) Monsieur le comte...

LE COMTE, *l'apercevant.*

Comment, drôle ! vous osez reparaître
chez moi ?

SAINT-JEAN.

Oui, monsieur le comte... malgré vos
ordres, j'ai forcé la consigne... j'ai bravé
votre colère... pour vous rendre un service
signalé... tant il est vrai qu'un attachement
véritable survit même aux plus mauvais
traitemens...

LE COMTE.

Qui te ramène?

SAINT-JEAN.

Votre intérêt... (*En confidence.*) Je viens vous garantir d'un piége infernal... on vous trompe...

LE COMTE.

Moi !

SAINT-JEAN.

Je le sais mieux que personne... vous pouvez m'en croire... je vous jure, sur l'honneur, qu'on vous trompe : je ne peux pas mieux vous dire...

LE COMTE.

Et comment cela ?

SAINT-JEAN.

C'est au sujet du fils du marquis d'A-veiro... il est retenu chez vous... il est en-chanté d'y être, car celle qu'il aime est ici.

LE COMTE, *à part.*

O ciel ! ma fille aurait-elle raison ?... (*A Saint-Jean.*) Tu la connais ?

SAINT-JEAN.

Oui, monsieur... mais il est inutile de vous la nommer... Maintenant que j'ai satisfait au besoin de mon cœur, en vous donnant un avis salutaire... je me retire, monsieur le comte.

LE COMTE, *le retenant.*

Non, non, reste donc... (*A part.*) On a beau faire, ces coquins-là nous sont indispensables. (*Haut.*) Achève... dis-nous quelle est celle qu'il aime.

SAINT-JEAN.

Vous l'exigez ?...

JULIETTE.

Hé ! oui, sans doute... parle vite.

SAINT-JEAN.

Hé bien ! mademoiselle, qu'elle vous réponde elle-même, car la voici.

JULIETTE et LE COMTE.

Que dis-tu?... Zanetta!... ce n'est pas possible!

SCÈNE XIV.

LES PRÉCÉDENS, ZANETTA, *entrant et plaçant sur la table un carton.*

ZANETTA.

Mademoiselle, je vous rapporte votre berret..... maintenant, je crois qu'il ira merveille.

LE COMTE.

Il ne s'agit pas de cela... venez ici, mademoiselle.

ZANETTA, *d'un air interdit.*

Monsieur le comte...

LE COMTE.

Ne tremblez pas... je ne veux que savoir la vérité de votre bouche.

ZANETTA, *hésitant.*

La vérité...

5

LE COMTE.

Vous connaissez, dit-on, un jeune homme nommé Frédéric?

ZANETTA , *affectant un grand trouble.*

Frédéric!... ô ciel!.. quoi, monsieur!... vous savez?... je suis perdue... (*Bas à Saint-Jean.*) Est-ce bien?

SAINT-JEAN.

Sublime.

JULIETTE , *à part.*

Il est donc vrai !

LE COMTE , *à Zanetta.*

Remettez-vous... je sais tout ; mais il importe que vous me fassiez vous-même un aveu franc et sans réserve.

ZANETTA.

Je n'ai rien à vous avouer, monsieur ; je n'ai rien à vous dire, sinon que j'aime Frédéric.

LE COMTE.

Mais enfin...

ZANETTA.

J'aime Frédéric.

LE COMTE.

Mais, mademoiselle...

ZANETTA.

J'aime Frédéric... j'aime Frédéric, et je ne sors pas de là... (*A Saint-Jean.*) N'est-ce pas?

SAINT-JEAN, *bas.*

Parfait...

LE COMTE.

Impossible de lui faire entendre raison... et savez-vous du moins quel est ce Frédéric dont vous partagez la folle passion?... vous a-t-il instruite de son nom... de son rang?

ZANETTA.

Je sais comme vous, monsieur... que c'est le fils du marquis d'Aveiro.

LE COMTE.

Hé bien! ma fille?

JULIETTE.

Il est donc vrai! plus de doute! (*A Za-*

netta.) Il suffit... mademoiselle, vous ne travaillerez plus pour moi... Je vous prie de ne plus vous représenter ici...

ZANETTA.

Comment, mademoiselle! (*A Saint-Jean.*) Ah çà, si cet amour-là va me faire du tort?...

SAINT-JEAN.

Silence!

JULIETTE, *à son père.*

Et quant à mon mariage, mon père... je suis décidée maintenant; j'épouserai qui vous voudrez, et le plus tôt sera le mieux. (*A part.*) J'en mourrai, mais c'est égal. (*Elle rentre dans son appartement.*)

SAINT-JEAN, *à part.*

Hé bien! voilà un danger que je n'avais pas prévu... Il faut la détromper... (*Il veut la suivre.*)

LE COMTE.

Où vas-tu donc?

SAINT-JEAN.

Moi, monsieur ! nulle part..... j'allais prendre les ordres de mademoiselle...

LE COMTE.

Reste ici et ne me quitte pas...

SCÈNE XV.

LES Précédens, *excepté* JULIETTE.

SAINT-JEAN, *à part.*

Diable !... ça se complique.

ZANETTA.

Certainement, mademoiselle est bien injuste... Si on perdait toutes ses pratiques parce que l'on a une inclination, il n'y a que les prudes qui feraient fortune.

LE COMTE, *à part.*

Décidément... je n'ai que ce moyen de sauver le fils de mon ami... (*A Saint-Jean.*)

Des siéges... Je suis sûr que le marquis ne me désavouera pas... (*A Zanetta.*) Asseyez-vous , mademoiselle...

(*Saint-Jean a placé un fauteuil pour Zanetta , et rapproché celui de l'ambassadeur.*)

ZANETTA , *hésitant.*

Monsieur le comte...

LE COMTE.

Asseyez-vous, et écoutez-moi... (*A Saint-Jean.*) Et toi, reste là.

SAINT-JEAN.

Que va-t-il faire ?

LE COMTE , *à part , sur le devant de la scène.*

C'est une négociation toute nouvelle pour moi, et je ne sais pas trop comment m'y prendre... ma foi, allons au fait, et sans préambule.

(*Il s'assied. Zanetta assise est à sa gauche. Saint-Jean se tient debout derrière le fauteuil du comte, de manière qu'il peut faire des signes à Zanetta sans que le comte s'en aperçoive.*)

LE COMTE, *à Zanetta.*

Mademoiselle, vous aimez Frédéric...

ZANETTA, *voulant se lever.*

Oh ! oui, monsieur, j'aime...

LE COMTE, *la faisant rasseoir.*

Je le sais, vous me l'avez déjà dit ; mais il a aussi une famille qui l'aime, qui le chérit... une famille puissante, qui est décidée à employer contre vous des moyens de rigueur.

ZANETTA.

Des rigueurs... qu'est-ce que c'est que ça?
(*Saint-Jean lui fait signe de se tranquilliser.*)

LE COMTE.

Je vois que vous n'êtes point pour les rigueurs... ni moi non plus... je les désavoue... et comme vous me parliez ce matin du désir que vous aviez de vous établir en France, je me disais : Si mademoiselle Zanetta, dont j'honore et dont j'estime le talent, veut transplanter à Paris les modes et

les grâces napolitaines... je me fais fort de
subvenir aux frais de voyage et d'établissement.

ZANETTA.

Quoi! monsieur, vous auriez la bonté !...

LE COMTE.

Je pensais que mille piastres pourraient
peut-être suffire...

ZANETTA.

Mille piastres ! (*Saint-Jean lui fait signe
de refuser.*) Mille piastres pour quitter ces
lieux, pour quitter Frédéric !...

LE COMTE.

Deux mille...

ZANETTA.

Comment, monsieur, vous pouvez sup-
poser... qu'une passion comme celle-là...
aussi pure... aussi délicate... non certainement, non jamais...

LE COMTE.

Trois mille !

ZANETTA *veut se lever, et Saint-Jean lui fait toujours signe de refuser.*

Trois mille !... ah ! j'ai besoin de me répéter que j'aime Frédéric... laissez-moi, monsieur, laissez-moi, craignez de m'outrager... craignez d'insister...

LE COMTE.

Quatre mille !...

ZANETTA.

Quatre mille ! (*Même signe de Saint-Jean.*) (*A part, en se levant.*) Ma foi, monsieur Saint-Jean dira tout ce qu'il voudra... (*Haut.*) Certainement..... monsieur le comte... j'aime Frédéric... et je l'aimerai toujours, d'abord... ce pauvre Frédéric ! mais l'intérêt d'une famille... le devoir... quatre mille piastres... et puis, ce qu'il y a de plus précieux pour une demoiselle, c'est la perspective d'un établissement, car enfin Frédéric ne pouvait pas m'épouser.

LE COMTE.

Non... sans se brouiller avec sa famille :

et vous ne voudriez pas faire son malheur.

ZANETTA.

Dieux ! que me dites-vous là ?... le malheur de Frédéric !... plutôt me sacrifier !...

AIR *de Céline.*

LE COMTE.

Ainsi, quelle est votre réponse ?

SAINT-JEAN.

Ah ! je tremble de la prévoir !

ZANETTA.

Il le faut, à lui je renonce :
J'immole l'amour au devoir.

LE COMTE.

Quand c'est le devoir qu'on écoute,
Il finit toujours, mon enfant,
Par rapporter plus qu'il ne coûte.

ZANETTA.

Ah ! je le vois en ce moment.

LE COMTE.

Il rapporte plus qu'il ne coûte.

ZANETTA.

Ah ! je le vois en ce moment.

SAINT-JEAN, *à part, frappant du pied.*

La petite sotte ! qui s'avise de penser à sa fortune...

SCÈNE XVI.

LES PRÉCÉDENS, FRÉDÉRIC.

FRÉDÉRIC.

Monsieur le comte... je venais... ah! pardon... vous êtes occupé.

LE COMTE.

Vous n'êtes pas de trop..... approchez, jeune homme... (*Le prenant par la main, et le menant devant Zanetta.*) Il est tems de parler franchement...

QUATUOR.

Fragment du final de la Dame Blanche :
Je n'y puis rien comprendre.

LE COMTE, *à Frédéric.*

Voyez mademoiselle.

FRÉDÉRIC, *regardant Zanetta.*

Elle est gentille et belle ;
Mais, dites-moi, quelle est-elle ?
Car je ne la connais pas.

ENSEMBLE.

ZANETTA, LE COMTE, SAINT-JEAN.

ZANETTA.

Quel est donc ce jeune homme ?
Dites-moi comme il se nomme ;
Car je ne le connais pas.

LE COMTE.

Quel est donc ce mystère ?
Celle qui sut lui plaire

Lui semble une étrangère ;
Il ne la reconnaît pas.

SAINT-JEAN.

Cette reconnaissance
Finira mal, je pense :
Comment sortir d'embarras ?

LE COMTE , *à Frédéric.*

Eh quoi! l'aspect de cette belle
N'a pas sur vous des droits !

FRÉDÉRIC.

Je vois ici mademoiselle
Pour la première fois.

LE COMTE,

Et toi , Saint-Jean, qui nous écoute,
Que penses-tu de tout ceci ?

SAINT-JEAN.

Qu'il a bien ses raisons , sans doute,
Pour vouloir en agir ainsi.

LE COMTE , *à Frédéric.*

Vous vous croyez forcé peut-être
De méconnaître ses attraits;
Mais cet amour que ses yeux ont fait naître ?

FRÉDÉRIC.

Moi!... jamais... je ne l'aimai jamais.

ENSEMBLE.

ZANETTA, FRÉDÉRIC, LE COMTE,
SAINT-JEAN.

ZANETTA.

Quel est donc ce jeune homme?
Dites-moi comme il se nomme;
Car je ne le connais pas.

FRÉDÉRIC.

Quelle est donc cette belle?
Dites-moi, quelle est-elle?
Car je ne la connais pas.

LE COMTE.

Oui, le trait est original.

SAINT-JEAN.

Pour nous cela finira mal.

LE COMTE.

Vous êtes donc bien sûr de ne pas aimer
mademoiselle?

FRÉDÉRIC.

Faut-il, monsieur, vous faire de nouveaux sermens?

LE COMTE.

Non, monsieur... mais j'en voudrais une preuve.

FRÉDÉRIC.

Et laquelle?

LE COMTE.

Me promettez-vous?...

ZANETTA.

Mais, monsieur...

LE COMTE.

Taisez-vous! (*A Frédéric.*) Me promettez-vous de renoncer à mademoiselle?

FRÉDÉRIC.

Sans hésiter.

SAINT-JEAN, *à part.*

Le maladroit!...

LE COMTE.

Vous consentiriez à la quitter?

FRÉDÉRIC.

Eh ! mais, sans doute.

LE COMTE.

C'est tout ce que je demande... je suis content de vous...

FRÉDÉRIC.

Vous me rendez votre amitié ?

LE COMTE.

Oui, jeune homme... mon amitié... mon estime... dans une demi-heure vous ne serez plus ici.

FRÉDÉRIC.

Comment ! monsieur, qu'est-ce que cela veut dire ?

LE COMTE.

Que maintenant vous êtes digne d'embrasser votre père ; qu'il vous attend avec impatience... la chaise de poste, les chevaux, l'argent nécessaire pour votre départ, tout sera prêt dans la minute.

FRÉDÉRIC.

O ciel !

LE COMTE, *à Zanetta.*

Quant à vous, mademoiselle, restez ici... (*Allant à Saint-Jean, qui est à droite du théâtre.*) Il faudra bien m'expliquer ce mystère; et si l'on m'a trompé...

SAINT-JEAN.

Oui, monsieur... c'est ce que je vais tâcher de savoir; car je suis comme vous, je m'y perds.

LE COMTE.

Hé bien ! par exemple... allons, allons... n'importe, il partira, c'est tout ce que je désire... attendez-moi là... je reviens dans l'instant.   (*Il sort par le fond.*)

SCÈNE XVII.

FRÉDÉRIC, SAINT-JEAN, ZANETTA.

FRÉDÉRIC.

Me renvoyer dans une demi-heure... et pour quelle raison? pour quel motif?

6

ZANETTA.

Oui, sans doute ; maintenant qu'on peut parler, qu'est-ce que ça signifie ?

SAINT-JEAN.

Que nous sommes perdus, ruinés... et par votre faute... à tous deux.

FRÉDÉRIC et ZANETTA.

Par la mienne ?

SAINT-JEAN.

Depuis une heure je vous fais des si-gnes, et vous ne comprenez rien... J'avais tout prévu, tout arrangé... l'ambassadeur voulait garder chez lui le fils du marquis d'Aveiro, pour le guérir d'une inclination roturière... le fils du marquis de... c'était vous... l'inclination, c'était mademoiselle.

ZANETTA.

Comment... c'est *j'aime Frédéric ?* il fal-lait donc le dire !

SAINT-JEAN.

Et vous avez la maladresse de ne pas vous reconnaître !

ZANETTA.

Quand on ne s'est jamais vu.

FRÉDÉRIC.

Et surtout quand on n'est pas prévenu.

SAINT-JEAN.

Impossible, depuis ce matin, de vous voir ou de vous parler... que faire maintenant?

ZANETTA.

Tout avouer à Son Excellence.

SAINT-JEAN.

Non pas... c'est moi qui paierais tous les frais...

FRÉDÉRIC.

Écrire à ce marquis d'Aveiro dont tu m'as donné le nom... c'est l'ami de l'ambassadeur, mais c'est aussi celui de ma famille; et j'ai vu une lettre où il promettait de parler en ma faveur.

SAINT-JEAN.

Il est à Madrid, et ne vous servira pas de

si loin... En attendant, vous perdez votre maîtresse; moi, mes deux mille piastres.

ZANETTA.

Et moi, mes quatre mille.

SAINT-JEAN.

Il n'y a donc qu'un moyen qui peut tout réparer... monsieur le comte va revenir... Tenez-vous à demeurer chez lui, à rester près de sa fille?

FRÉDÉRIC.

Tu me le demandes !

SAINT-JEAN, *montrant Zanetta.*

Hé bien! alors redevenez amoureux de mademoiselle.

FRÉDÉRIC.

Et Juliette, que dira-t-elle?

SAINT-JEAN.

Quand vous serez de la maison, ne trouverez-vous pas vingt occasions de lui parler, de lui avouer la vérité?

FRÉDÉRIC.

Il a raison... Hé bien ! soit... si mademoiselle veut me le permettre, je l'aime,
je l'adore, j'en suis fou... Ah ! son nom ?

SAINT-JEAN.

Zanetta... (*A Zanetta.*) Vous, ma petite,
vous connaissez nos conventions, notre
premier plan.

Air *du Piége.*

Vous dévouant pour le salut public,
Que de nouveau l'un pour l'autre soupire.

ZANETTA.

Je le veux bien... je r'aime Frédéric ;
　　Mais permettez-moi de le dire :
A chaque instant changer ainsi soudain,
　　J'en conçois de l'inquiétude ;
Ce n'est qu'un jeu, je le sais... mais enfin
　　Ça peut en donner l'habitude ;
　　On peut en prendre l'habitude.

SAINT-JEAN.

Et les principes qui sont là , et dont vous

ne parlez pas... On vient... allons, allons, du feu, du désordre, du pathétique... c'est le père... (*A Frédéric, montrant Zanetta.*) Tombez à ses pieds... (*Tirant son mouchoir.*) Dieux! quel tableau! (*Frédéric se jette aux pieds de Zanetta.*)

SCÈNE XVIII.

Les Précédens, LE COMTE.

LE COMTE, *voyant Frédéric aux genoux de Zanetta.*

Que vois-je!

SAINT-JEAN.

Oh! spectacle touchant!... triomphe de l'amour et de la sensibilité!... je ne puis retenir mes larmes... Ah! c'est vous, monsieur le comte... (*Frédéric se relève.*) Venez être témoin d'une réconciliation.... qui aurait attendri un barbare...

LE COMTE.

Une réconciliation?... eux qui ne se connaissent pas!...

SAINT-JEAN.

Vous l'avez bien deviné... c'est une ruse, ou plutôt c'était une querelle d'amoureux... car c'est au moment de la séparation que l'explosion a éclaté... deux volcans, monsieur le comte... j'ai voulu les arrêter; impossible... ils se sont précipités dans les bras l'un de l'autre... en criant qu'ils ne voulaient plus se quitter, non jamais! plutôt mourir!... enfin le délire de la passion...

LE COMTE.

Quoi! monsieur, au moment où j'avais tout préparé pour votre départ?

FRÉDÉRIC.

Maintenant, monsieur... il est impossible! je reste...

LE COMTE.

Et vous, mademoiselle, qui étiez déjà décidée à vous sacrifier?

ZANETTA.

J'avais trop présumé de mes forces, et je ne puis que vous répéter ici ce que je vous ai notifié ce matin... j'aime Frédéric, monsieur.

LE COMTE.

C'est connu... (*A part.*) Allons... il y a là-dessous quelque chose d'inexplicable... mais on se moque de moi... c'est clair... nous allons voir... (*Haut.*) Je n'ai rien à dire... j'ai voulu vous rendre à la raison... j'ai rempli mon devoir... mais puisque rien ne peut vaincre cette grande passion, je me rends.

TOUS.

Quoi! monsieur?

LE COMTE.

Votre père, le marquis d'Aveiro, n'est point un barbare... un tyran... « Si, après » avoir tout tenté, m'a-t-il dit, vous pensez

» que cette jeune fille soit nécessaire au bon-
» heur de mon fils... je vous permets de les
» unir. »

FRÉDÉRIC, *quittant la main de Zanetta.*

Comment?

SAINT-JEAN, *étourdi.*

Oh! *Diavolo !*

ZANETTA, *à part.*

Dieux! épouser un marquis !

LE COMTE, *les observant.*

Votre constance méritait bien un pareil
prix... et c'est dans la chapelle de l'ambas
sade, en ma présence, que vous allez être
mariés.

FRÉDÉRIC.

Un moment.

SAINT-JEAN, *bas.*

Tenez ferme.

AIR *du Fleuve de la vie.*

ZANETTA.

Qui, moi!... je deviendrais marquise!

LE COMTE.

Eh! quoi!... vous semblez refuser?

SAINT-JEAN, *bas.*

Déguisez mieux votre surprise.

FRÉDÉRIC.

Veux-tu que j'aille l'épouser?

SAINT-JEAN, *de même.*

Afin d'éclaircir ce mystère,
C'est une ruse, je le vois,
Je le laisserais dire..?

ZANETTA.

Et moi,
Je le laisserais faire.

LE COMTE.

Hé mais, quelle froideur!... vous ne me

remerciez pas?... vous ne tombez pas dans mes bras?

FRÉDÉRIC.

Monsieur... certainement... je suis touché... mais mon père...

LE COMTE.

Je vous ai dit qu'il m'avait envoyé son consentement.

SAINT-JEAN, *vivement.*

Permettez-moi..... ce n'est pas dans la lettre.

LE COMTE.

Hein !... Comment le sais-tu?

SAINT-JEAN, *embarrassé.*

Je le sais..... je..... c'est-à-dire, je présume..... parce qu'un homme comme le marquis d'Aveiro ne peut consentir à une mésalliance...

LE COMTE.

Saint-Jean...

SAINT-JEAN.

Monsieur...

LE COMTE.

Je te ferai mourir sous le bâton...

SAINT-JEAN.

Plaît-il, monsieur... et pourquoi?

LE COMTE.

Je n'en sais rien... mais ce jeune homme... cet amour... ton trouble... tu me trompes!...

SAINT-JEAN.

Moi!... monsieur le comte peut-il penser que je sacrifie ses intérêts à ceux d'un inconnu?

LE COMTE.

Un inconnu!..... monsieur le valet de chambre interprète, expliquez-moi comment il se fait que ce chevalier d'Aveiro soit précisément l'inconnu dont vous avez parlé à ma fille?... Expliquez-moi comment ces jeunes gens s'aiment et ne se connaissent pas... se raccommodent et ne veulent pas se marier.

SAINT-JEAN.

Monsieur, on ne peut pas expliquer les bizarreries du cœur humain... mais la vérité est que je ne suis pour rien dans tout ceci... et si vous en doutez...

SCÈNE XIX.

LES PRÉCÉDENS, UN VALET.

LE COMTE, *lisant une carte que le valet lui remet.*

Comment... il est ici?

LE VALET.

Il attend monsieur le comte dans son cabinet ...

LE COMTE, *avec joie.*

Quel bonheur! Oh! pour le coup je vais enfin savoir la vérité. (*Au valet.*) Que personne ne puisse sortir de l'hôtel ; (*aux autres*) et malheur à qui s'est joué de moi! Restez tous... (*Il sort avec le valet.*)

SCÈNE XX.

FRÉDÉRIC , ZANETTA , SAINT - JEAN.

FRÉDÉRIC , *croisant les bras.*

Hé bien ! Saint-Jean ?

SAINT-JEAN.

Je n'y suis plus du tout.

ZANETTA.

Qu'est-ce que cela veut dire ?

FRÉDÉRIC.

Ce nouveau personnage...

SAINT-JEAN.

Qui doit tout découvrir...

ZANETTA.

Je commence à avoir peur.

FRÉDÉRIC.

Voilà pourtant le résultat de tes ruses , de
tes finesses et du personnage ridicule que ta

m'as fait jouer... mais, songe-s-y bien ; j'ai
pu m'abaisser à cette feinte pour obtenir
Juliette, mais si je la perds... c'est à toi que
je m'en prends, et je t'assomme.

SAINT-JEAN.

C'est cela... l'ambassadeur d'un côté...
vous de l'autre, et pas de petite porte pour
se sauver.

ZANETTA.

Ah çà, dites-moi au moins si j'aime toujours Frédéric?

SAINT-JEAN.

Il est bien question de cela! Que deve-
nir? quel parti prendre? L'ambassadeur est
sur la trace... l'intrigue va s'éclaircir... Nous
n'avons plus qu'une ressource, monsieur,
c'est de la compliquer tellement que ni
monsieur le comte ni nous-mêmes ne puis-
sions plus nous y reconnaître... comme ces
gens qui, au moment d'une liquidation,
embrouillent toujours les affaires... c'est le

seul moyen de faire les siennes... Qui vient
là ? est-ce l'ennemi ? non c'est Mlle Juliette.

FRÉDÉRIC.

Ah ! je pourrai du moins la détromper.

SCÈNE XXI.

Les Précédens, JULIETTE.

JULIETTE, *apercevant Zanetta.*

Comment, mademoiselle, encore ici ?...
Je vous trouve bien hardie !

FRÉDÉRIC.

Un mot seulement, car les instans sont
précieux... Votre père était dans l'erreur...
je vois aujourd'hui mademoiselle pour la
première fois.

JULIETTE.

Il serait possible ?...

FRÉDÉRIC.

C'est vous seule que j'aime et que j'aimerai toujours.

JULIETTE.

Ah ! je le disais bien... c'est cette lettre
de votre père qui avait tout embrouillé... il
se trompait aussi, n'est-ce pas, monsieur ?
Mais, grâces au ciel, tout va s'éclaircir ;
car il arrive..... il vient d'entrer dans le
salon.

FRÉDÉRIC.

Et qui donc ?

JULIETTE.

Votre père... le marquis d'Aveiro.

SAINT-JEAN.

Ah ! grands dieux !

JULIETTE.

J'ai bien retenu son nom... Lui et mon
père se sont enfermés pour parler de nous,
de notre mariage... et voilà, j'espère, de
bonnes nouvelles.

FRÉDÉRIC, *à part.*

Oui, joliment... le marquis d'Aveiro !... il ne nous manquait plus que cela.

SAINT-JEAN.

Voilà ce que je demandais..... surcroît d'embarras.

JULIETTE.

Ne craignez rien, il vous pardonnera tout... il a l'air d'un si honnête homme !

FRÉDÉRIC, *perdant la tête.*

Oui... vous croyez... quelle figure a-t-il ?

JULIETTE.

Comment, monsieur ?

ZANETTA.

Allons... il ne connaît pas son père à présent... il ne connait personne, ce jeune homme.

FRÉDÉRIC, *apercevant le comte.*

Dieux ! monsieur le comte !

ZANETTA et **SAINT-JEAN** , *en même tems.*

Monsieur le comte !

SAINT-JEAN.

De l'audace , et tenons-nous bien.

SCÈNE XXII.

LES PRÉCÉDENS, LE COMTE.

JULIETTE, *à son père, qui s'avance lentement en les regardant tous.*

Hé bien ! mon père..... le marquis d'A-
veiro ?

LE COMTE.

Je le quitte à l'instant.

JULIETTE.

Vous venez sans doute chercher son fils ,
pour le conduire dans ses bras.

LE COMTE.

Je le voudrais... mais il n'y a qu'une pe-

tite difficulté... c'est que le marquis d'Aveiro
n'a jamais eu de fils.

JULIETTE , *regardant Frédéric.*

Comment?

SAINT-JEAN , *à part.*

De mieux en mieux.

FRÉDÉRIC , *à part.*

Quel supplice !

ZANETTA.

Ah çà, il paraît que le père n'aime donc
pas Frédéric.

LE COMTE , *à Frédéric.*

C'est vous dire assez, monsieur, que si
j'ignore encore qui vous êtes, et les moyens
que vous avez employés pour me tromper...
je me doute du moins du motif qui vous a
conduit chez moi... et pour que vous per-
diez tout espoir... pour que vous renonciez
à jamais à la main de Juliette, je vous ap-
prendrai que, cédant aux sollicitations du

marquis d'Aveiro, je marie ma fille au fils d'un de ses amis.

JULIETTE et FRÉDÉRIC.

Oh ciel !

LE COMTE.

Oui, monsieur... si mon gendre a le tort à mes yeux de ne pas être Espagnol, c'est du moins un homme estimable... un Français plein d'honneur et de franchise... qui vient d'être nommé secrétaire d'ambassade à Madrid... Ce gendre dont le nom seul va déjouer tous vos projets... c'est le fils du baron de Cernay.

FRÉDÉRIC, *se jetant à ses genoux.*

Ah ! quel bonheur !

LE COMTE, JULIETTE et ZANETTA.

Hé bien !... qu'est-ce qu'il a donc ?...

FRÉDÉRIC.

C'est moi-même... vous le voyez à vos pieds... apprenez...

LE COMTE.

A d'autres , monsieur... on ne me trompe
plus ainsi.

FRÉDÉRIC.

Non , cette fois... je vous jure que c'est la
vérité... je suis Frédéric de Cernay...

SAINT-JEAN.

Je l'affirme...

FRÉDÉRIC.

Et le marquis d'Aveiro va vous l'attester...

LE COMTE.

Pardon, monsieur... mais je ne reconnais
pas en vous cette loyauté et cette franchise
dont il me parlait...

FRÉDÉRIC.

Moi, monsieur, je ne vous ai jamais
trompé.

LE COMTE.

Comment , monsieur... quand vous vous
introduisez dans ma maison...

FRÉDÉRIC.

Non... c'est vous-même qui m'avez fait arrêter, et conduire chez vous.

LE COMTE.

C'est vrai... mais prendre un faux nom. ·

FRÉDÉRIC.

Je vous ai dit le mien... c'est vous qui avez exigé que j'en prisse un autre.

LE COMTE.

C'est vrai... mais feindre d'aimer une petite grisette.

FRÉDÉRIC.

Je n'y ai jamais pensé... vous avez été témoin que je n'ai pas reconnu mademoiselle.

LE COMTE, *souriant.*

C'est encore vrai... je suis forcé d'en convenir. (*Vivement.*) Mais ce maudit mystère... je ne pourrai pas venir à bout... (*A Frédéric et à Juliette.*) Hé bien ! je vous pardonne, je vous marie à une seule condition... c'est que vous m'expliquerez tout... cette lettre que j'ai reçue... cet amour prétendu... pour quel motif? dans quel but?

FRÉDÉRIC.

J'en suis désolé... mais je n'en sais encore rien...

JULIETTE.

Ni moi...

ZANETTA.

Ni moi.

LE COMTE.

Ah! c'est trop fort!... je donnerais cent piastres à celui qui me dirait qui m'a écrit cette lettre.

SAINT-JEAN, *tendant la main.*

Je les prends...

LE COMTE.

Comment?

SAINT-JEAN.

C'est moi, monsieur.

LE COMTE.

Toi! coquin?

SAINT-JEAN.

Oui, monsieur..... par humanité, par bonté d'ame... je voulais servir l'amour de ce jeune homme et vous contraindre à le retenir chez vous...

LE COMTE.

Je comprends... Ah! morbleu!... mais je n'ai que ma parole, tu auras tes cent piastres... Si je ne craignais d'ébruiter l'aventure, j'y joindrais autre chose.

SAINT-JEAN.

Tout ce que je demande à monsieur le comte... c'est un certificat de talens diplomatiques.

LE COMTE.

Et en quoi l'as-tu mérité?

SAINT-JEAN.

Pour avoir tenu en échec, pendant deux heures, un diplomate aussi distingué que monsieur le comte... avec cela... je suis sûr d'être placé tout de suite.

LE COMTE.

Comment ! drôle...

ZANETTA.

Ah çà !... et moi... mon établissement... mon voyage à Paris ?

SAINT-JEAN.

Je vous y conduirai, aimable Napolitaine... si vous voulez accepter ma main... je vous ai promis un amoureux, (*présentant sa main*) hé bien ! je vous offre un mari...

ZANETTA.

Ce n'est pas tout-à-fait la même chose... mais c'est égal... je me risque, et je pars pour Paris.

CHOEUR FINAL.

AIR *nouveau de M. Heudier.*

Allons, mettons-nous en voyage,
L'amour embellit notre sort,
Et, sans éprouver de naufrage,
Puissions-nous arriver au port !

ZANETTA , *au public.*

AIR *nouveau de M. Heudier.*

Je quitte Naples pour la France :
Ce voyage offre des dangers ;
Mais on dit qu'avec indulgence
On y traite les étrangers.
Suivant cette heureuse méthode ,
Daignez , mesdames , dès demain ,
Mettre la modiste à la mode ,
En adoptant son magasin.

CHOEUR.

Allons, mettons-nous en voyage , etc.

FIN DE L'AMBASSADEUR.

RÉPERTOIRE DU THÉATRE DE MADAME.

Chaque Pièce se vend séparément.

❧

EN VENTE :

1. Le Mariage de Raison.
2. Michel et Christine.
3. La Lune de Miel.
4. L'Héritière.
5. La Demoiselle à Marier.
6. Le Charlatanisme.
7. Simple Histoire.
8. Rodolphe.
9. Le Coiffeur et le Perruquier.
10. La Quarantaine
11. L'Ambassadeur.
12. La Belle-Mère.
13. La Mansarde des Artistes.
14. L'Intérieur d'un Bureau.
15. Le Baiser au Porteur.
16. Le Diplomate.
17. L'Auberge, ou les Brigands.
18. Une Visite à Bedlam.
19. La Loge du Portier.
20. Le Confident.
21. Les Premières Amours.
22. Le Secrétaire et le Cuisinier.
23. Un Dernier Jour de Fortune.
24. Vatel.
25. La Marraine.
26. Les Grisettes.
27. Le Médecin de Dames.
28. Les Femmes Romantiques.
29. La Haine d'une Femme.
30. La Maîtresse au Logis.
31. Le Mal du Pays.
32. Le Vieux Mari.
33. La Chatte.
34. Le Plus Beau Jour de la vie.
35. Le Nouveau Pourceaugnac.
36. Les Adieux au Comptoir.
37. Les Élèves du Conservatoire.
38. Le Menteur Véridique.
39. La Demoiselle et la Dame.
40. Le Comte Ory.
41. Coraly.
42. Le Solliciteur.
43. Yelva, ou l'Orpheline russe.
44. Le Bal Champêtre.
45. La Charge à Payer.
46. Les Manteaux.
47. Les Inséparables.
48. La Pension Bourgeoise.
49. La Vérité dans le Vin.
50. L'Oncle d'Amérique.
51. Le Baron de Trenck.
52. La Somnambule.
53. L'Ours et le Pacha.
54. Le Château de la Poularde.
55. Les Deux Précepteurs.
56. Le Dîner sur l'Herbe.
57. L'Écarté ou un Coin du Salon.
58. Partie et Revanche.
59. Le Mauvais Sujet.
60. Le Parlementaire.
61. L'Avare en Goguette.
62. M. Tardif.
63. Frontin Mari-Garçon.
64. La Suite de Mich. et Christine.
65. Le Ménage de Garçon.
66. La Nouvelle Clary.
67. Les Empiriques d'Autrefois.
68. Rossini à Paris.
69. Trilby, ou le Lutin d'Argail.
70. Le Bon Papa.
71. Le Fondé de Pouvoirs.
72. La Manie des Places.
73. Les Moralistes.
74. Malvina.
75. Théobald.
76. Madame de Sainte-Agnès.